DAS BESTE AUS
MARUNDES LANDLEBEN

ZINNOBER VERLAG

CIP-Kurztitelaufnahme der Deutschen Bibliothek

Marunde, Wolf-Rüdiger :
Das beste aus Marundes Landleben.-
Hamburg: Zinnober Verlag 1991
ISBN 3-89315-033-1

Copyright © 1991 Zinnober Verlag, Hamburg
Gesamtgestaltung: Buchholz/Hinsch/Hensinger
Produktion: Manfred Wolters · Litho & Druckservice,
4531 Lotte 2
Printed in Germany

WO DAS LANDLEBEN BRAUST

UND
DU GLAUBST IM
ERNST, DAß SIE IN
AMERIKA SCHWARZE
LIEBER MÖGEN
ALS HIER ?!?

SAGT EIN SCHWEIN ZUM ANDEREN...

GEFIEDERTE FREUNDE

VON OSTER-
UND
WEIHNACHTS-
HASEN

DER MENSCH IM LÄNDLICHEN RAUME

RALPH STEADMAN
ALICE
Die Zeichnungen des britischen Karikaturisten
Ralph Steadman zu Lewis Carrolls
Alice im Wunderland,
Alice hinter den Spiegeln
und
Die Jagd nach dem Schnark -
» ein phantastisch illustrierter Band «
(Die Zeit)

336 Seiten, gebunden mit Schutzumschlag
ISBN 3-89315-007-2

ZINNOBER VERLAG